VIE

DE
NICOLAS POUSSIN,

CONSIDÉRÉ COMME CHEF
DE L'ÉCOLE FRANÇOISE;

PRÉCÉDÉE
D'UN PRÉCIS HISTORIQUE DES PEINTRES FRANÇOIS,
DEPUIS LE REGNE DE FRANÇOIS Ier JUSQU'AU REGNE DE LOUIS XIV;

SUIVIE
DE NOTES INÉDITES ET AUTHENTIQUES SUR SA VIE ET SES OUVRAGES,
PAR P. M. GAULT DE SAINT-GERMAIN;

ET

DE SON OEUVRE COMPLETE,
DESSINÉE ET GRAVÉE EN TAILLE-DOUCE
PAR LA FAMILLE MASSARD.

A PARIS,

DE L'IMPRIMERIE DE P. DIDOT L'AINÉ.
CHEZ PERLET, LIBRAIRE, RUE DE TOURNON,
M. DCCCIII.

PROSPECTUS.

Iʟ est de ces grands noms dont le temps dévastateur
ne sauroit altérer l'éclat, et qu'il se plaît au contraire
à illustrer de plus en plus en leur apportant l'homm-
mage successif des générations éclairées: tel est le nom
du Poussin; ses ouvrages commandent l'admiration;
c'est le privilege du génie, du talent, du vrai savoir:
vainement l'ignorance méconnoît-elle leur charme et
leur puissance, vainement l'envie obscurcit un moment les rayons de leur gloire, le temps fait justice des
préjugés, l'erreur est dissipée, le crime se dévoile, la
vérité triomphe. Lᴇ Poussin, invoquant la justice de
la postérité contre ses détracteurs et ses ennemis, et
présentant son immortalité, burinoit ainsi sa propre
histoire lorsqu'il peignit cette allégorie si connue, *le
Temps qui fait triompher la Vérité;* leçon simple et
sublime que nous offrons de nouveau à la méditation
des amis des arts en la multipliant par la gravure.
Tandis que le pinceau de nos artistes reproduit les
traits du Poussin pour décorer le lieu de sa naissance,
tandis que le ciseau de nos statuaires anime le marbre
pour nous offrir sa vivante image, et que l'on cherche
tous les moyens d'ériger un monument à sa gloire
pour honorer à jamais les lieux qui l'ont vu naître,

nous osons lui consacrer un monument durable et digne de lui, en recueillant aujourd'hui ses ouvrages, en les rapprochant tous dans un même cadre pour les offrir à la méditation des hommes sages et studieux, à l'émulation d'une ardente jeunesse, à tous ceux enfin qui aiment l'instruction, et qui cherchent dans les arts un noble délassement. Que les calomniateurs ignorants de ces arts, doux charmes de la vie, cessent d'espérer du succès en traitant de frivolités les productions de la sagesse et du génie! ils seront anéantis par le faisceau que nous formons des hautes conceptions du Poussin. Quel penseur plus profond, quel orateur plus éloquent, quel poëte plus énergique, quel artiste mieux inspiré, plus savant et plus sage, lorsqu'il reproduit les traits de l'Histoire avec cette fidélité de costume, cette justesse d'expression, cet heureux choix du moment et des sites; cette sobriété dans les accessoires, cette simplicité d'action pour ainsi dire inconnue avant lui!

Le Poussin exploita le premier tous les trésors de la riche antiquité; il dessina les statues, les bas-reliefs, les restes des monuments de l'architecture, qu'il restaura pour en composer ses fonds; consulta les médailles, les peintures antiques; retrouva le costume oublié, et jusqu'alors indignement travesti par les peintres de toutes les écoles. Le premier il mit en représentation des Grecs et des Romains avec la gravité,

la vérité de l'histoire, au lieu de ne présenter en peinture que des scenes théâtrales et des romans falsifiés.
Alors ce bel art mérita d'être mis au rang des plus
puissants moyens d'instruction; alors il ramena les
hommes déja éclairés à l'observation de la nature, à
l'étude des auteurs, et il en offrit aux yeux une traduction sensible et tout-à-fait nouvelle qui contribua
à l'éducation de tous. Ce sont ces traductions élégan-
tes mais fideles, réunies en un seul corps d'ouvrage,
que l'on propose à la curiosité des amis des arts; et le
nom seul des hommes de lettres, éditeurs, artistes,
et coopérateurs en garantit le succès.

L'ouvrage comprendra, 1° la Vie du Poussin,
précédée de l'histoire des peintres françois depuis le
regne de François Ier jusqu'à la fin du regne de Louis
XIV, avec des notes et des pieces inédites et authentiques qui ne peuvent manquer d'intéresser; les mesures de la statue de l'Antinoüs, prises par le Poussin,
et ses réflexions sur la Peinture dans le style de Léonard de Vinci, traduites de l'italien par P. M. Gault
de Saint-Germain, littérateur estimable, à qui l'on
doit entre autres ouvrages la Vie et la nouvelle édition du Traité de la Peinture de Léonard de Vinci.

2° L'Oeuvre complete des tableaux et dessins du
Poussin, et de toutes les pieces inédites, dont nous
avons déja un grand nombre, ainsi que celles qu'on
pourra se procurer. Cet ouvrage, qui sera composé

de plus de trois cents planches, n'excédera pas quatre volumes; chaque livraison sera accompagnée de douze pages de texte, format et caracteres du présent prospectus, et de six planches gravées au burin par la famille Massard, si avantageusement connue dans la gravure.

CONDITIONS DE LA SOUSCRIPTION.

Nous donnerons par mois six planches, accompagnées du texte historique et descriptif des sujets, la correspondance du Poussin avec ses amis et les amateurs qui recevoient ses ouvrages, suivie des réflexions dont il accompagnoit souvent ses tableaux.

Le prix de chaque livraison sera de 8 francs sur papier fin *nom de Jésus;* il sera tiré quelques exemplaires sur papier vélin, dont chaque livraison sera du prix de 12 francs : il sera tiré également quelques exemplaires des estampes avant la lettre sur papier vélin, dont le prix sera de 18 francs.

La premiere livraison paroîtra le 20 brumaire prochain; la seconde le 1er nivose, et les suivantes de mois en mois sans interruption.

Les éditeurs n'exigent aucune avance; on ne paiera chaque livraison qu'en la recevant.

A la fin de l'ouvrage on donnera la liste générale de tous les souscripteurs, imprimée de même format.

On souscrit chez PERLET, rue de Tournon, n° 1133.

On trouve à la même adresse les ouvrages suivants.

Répertoire du Théatre françois, ou recueil des tragédies et comédies restées au théâtre depuis Rotrou, pour faire suite aux éditions in-8° de Corneille, Moliere, Racine, Regnard, Crébillon, et au théâtre de Voltaire.

Ce bel ouvrage supérieurement exécuté formera 20 volumes in-8°, imprimés par Didot aîné au Louvre, sur du très beau papier dit carré d'Angoulême ; chaque volume est orné de quatre belles gravures, dirigées par les soins de M. Gault de Saint-Germain, nommé ci-dessus. Chaque piece est précédée d'une *notice* sur le poëte à qui elle appartient, de la vie de l'auteur et des détails sur ses ouvrages, et suivie d'un *examen* dans lequel l'auteur est jugé avec le respect dû au talent : ces notices et ces examens, devant pour ainsi dire former un cours de littérature, ont été confiés à M. Petitot qui vient de faire réimprimer la grammaire générale et raisonnée de Port-Royal, avec un discours préliminaire sur le génie et les progrès de la langue françoise.

Il paroît deux livraisons de cet ouvrage, formant ensemble 6 volumes, et terminant la partie des tragédies ; chaque volume coûte 7 fr., pris à Paris.

Il a été tiré un petit nombre d'exemplaires sur papier vélin, gravures avant la lettre ; prix 14 fr. le volume, cartonné à la Bradelle.

Les personnes qui desireront recevoir cet ouvrage, *franc de port*, par la poste dans les départements, ajouteront 1 fr. 50 c. par volume.

Le succès de cet ouvrage, assuré dès la premiere livraison, s'est affermi par l'exactitude avec laquelle a paru la seconde ; les autres paroîtront de même aux époques indiquées, c'est-à-dire, trois volumes tous les deux mois. Les journaux se sont accordés pour louer cette belle entreprise.

Grammaire générale et raisonnée de Port-Royal, par Arnaud et Lancelot, précédée d'un Essai sur l'origine et les progrès de la langue françoise, par M. Petitot, et suivie du commentaire de Duclos, auquel on a joint des notes ; 1 vol. in-8°, 5 fr. br., et relié 6 fr.

TRAITÉ DE LA PEINTURE, par Léonard de Vinci, commenté, éclairci dans le texte et les figures, et augmenté de quelques leçons et de figures, par M. Gault de S.-Germain ; 1 gros vol. in-8°, avec 44 planches en taille-douce, et le portrait de Léonard de Vinci, 9 fr. broché, et 10 fr. 50 c. relié.

MESURE DE LA CÉLEBRE STATUE DE L'ANTINOÜS, suivie de quelques observations sur la peinture, transcrites littéralement du manuscrit original de Nicolas Poussin, publiées par Bellori en 1672, et traduites de l'italien par M. Gault de S.-Germain ; in8°, ornée de deux planches : prix 1 fr. 50 c.

Cette piece de Poussin est très rare, elle n'avoit pas encore été traduite dans notre langue ; elle fait nécessairement suite au Traité de Peinture de Léonard de Vinci.

HISTOIRE NATURELLE DES OISEAUX DU PARADIS, DES ROLLIERS ET DES PROMEROPS, suivie de celle des TOUCANS et des BARBUS, par F. Levaillant ; 2 vol. in-fol., qui contiendront plus de 100 grandes planches, imprimées en couleurs, et retouchées par les plus habiles peintres : les dessins sont faits par M. Barraban, d'après les individus de la plus parfaite conservation ; les planches sont gravées par les plus habiles graveurs en ce genre, et l'impression du texte a été confiée à M. Didot l'aîné au Louvre, c'est-à-dire, que l'on n'a rien épargné pour rendre cet ouvrage aussi parfait qu'il est possible.

Il paroît actuellement 12 livraisons, et l'on peut assurer qu'il sera achevé dans six mois.

Chaque livraison composée de 9 gravures coloriées, et du texte explicatif, imprimée sur du beau papier vélin nom de Jésus, coûte 48 fr. ; on a imprimé un petit nombre d'exemplaires sur du très beau papier vélin, grand format atlas avec les planches coloriées, et un double exemplaire de ces planches, premieres épreuves en noir, avant la lettre ; le prix est de 96 fr. chaque livraison.

ses traits altérés il montre encore une ame forte qui sait supporter avec résignation la douleur qui tourmente son corps abattu. La mort enleve un jeune homme sur la gauche de la scene; peut-être n'est-il plus, car il inspire moins l'intérêt que la pitié d'un passant attiré là pour consoler et porter des secours. Le grand-prêtre, sur les marches du temple, environné des magistrats et des principaux de la ville, délibere sur une cause si étrange : «Quel évènement, dit-il, peut donc avoir renversé par terre Dagon qui étoit placé sur un stylobate solidement construit, tandis que l'arche posée sur une légere estrade, est encore en place? »

La multitude infinie de rats dont les Philistins furent assaillis dans cette punition du ciel n'est point oubliée, ils se répandent par-tout. Cependant des ordres ont été donnés pour assainir la place publique, car on voit dans le fond deux hommes qui enlevent un cadavre. Un magistrat qui monte au palais rencontre sur son passage un malheureux qui lui demande du secours; il l'exhorte à la patience.

Cette peinture éloquente et poétique du Poussin réunit toutes les beautés de l'art dans le style grand et magnifique; tout y est également sublime dans le choix comme dans l'invention. Ce savant peintre, qui transportoit toujours son esprit dans le lieu de la scene, a donné aux Philistins une constitution physique qui differe de celle du peuple juif, dont il a si bien saisi le caractere indigene. L'architecture réguliere et solide qui décore la place publique rappelle la célébrité de la ville d'Azot, dont la force, la beauté et l'étendue ne peuvent être révoquées en doute lorsqu'on pense que cette ville soutint le plus long siege dont il soit fait mention dans l'histoire. Azot faisoit encore partie des cinq villes fameuses comprises dans la contrée que les anciens Grecs et les Romains désignoient sous le nom de Palestine, et que les Philistins appelerent par excellence Pentapolis.

Ce fameux tableau a fait la réputation du Poussin. En 1630 Félibien, qui étoit secrétaire du marquis de Fontenay, ambassadeur extraordinaire pour le roi près d'Innocent X, rapporte qu'il le vit à Rome chez un sculpteur nommé Matheo, qui l'avoit acheté du Poussin soixante écus; enfin, après avoir passé en plusieurs mains, il fut vendu mille écus au duc de Richelieu: c'est alors que les amateurs et les amis des arts en France commencerent à regarder le Poussin comme l'honneur et la gloire de la nation; devant ce chef-d'œuvre ils répétoient, « Ce grand homme a enlevé la science de la peinture de la Grece et de l'Italie pour l'apporter dans sa patrie ». Ce beau monument décore aujourd'hui la grande galerie du muséum.

N° 12.

PLANCHE XIV.

MOÏSE EXPOSÉ SUR LE NIL.

Pharaon, roi d'Égypte, après avoir exercé sans succès des cruautés inouies envers les Juifs, dont il redoutoit la force et la population, l'esprit frappé d'une prédiction qu'il devoit naître un enfant hébreu qui seroit un fléau pour les Egyptiens en se rendant redoutable par ses vertus et son courage, fit publier un ordre qui contenoit les plus séveres peines pour ceux qui négligeroient d'y obéir: par cet ordre chaque enfant mâle des Hébreux qui viendroit au monde seroit jeté dans le Nil. Amram et Jocabeth avoient déja deux enfants, Miriam et Aaron; mais Moïse ne vint au monde qu'après la publication de l'édit: ses parents eurent une répugnance invincible à se décider à faire périr un si bel enfant, et le garderent secrètement l'espace de trois mois, jusqu'à ce qu'enfin, craignant que la chose ne vînt à être découverte, ce qui auroit été également aussi funeste pour eux que pour l'enfant, ils s'y déterminerent. Cependant comme l'exécution d'un ordre si barbare révoltoit la nature, ils firent un petit coffret de joncs, y mirent leur enfant, et l'exposerent sur les flots au soin de la providence.

Ce magnifique paysage peut passer pour un tableau d'histoire : les figures y sont trop considérables et occupent un assez grand espace pour ne pas s'y trouver seulement comme accessoires ; on admire la philosophie et l'intérêt que le Poussin a répandus dans ce sujet touchant. Le petit Moïse, couché dans le panier de joncs, vient d'être exposé sur le Nil par Jocabeth, qui est encore dans l'attitude que cette action demande ; elle tourne la tête pour appeler sa fille, qui est derriere elle à une petite distance afin d'observer s'il ne paroît personne : le désespoir est peint sur le visage de cette mere infortunée ; mais Miriame, le doigt sur la bouche, l'invite au silence parcequ'elle apperçoit quelqu'un : c'est la fille de Pharaon qui vient ; cette princesse paroît dans le lointain, accompagnée d'une femme et précédée de trois autres. Amram, vêtu dans le costume asiatique, se retire ; son affliction profonde et réfléchie ralentit ses pas ; le petit Aaron le suit tristement en le tenant par un pli de son vêtement. Sur le bord du Nil, près l'endroit où Moïse est exposé, le Poussin à personnifié le fleuve en sculpture ; il est couronné de fleurs, du bras droit il embrasse un sphinx, symbole de l'Égypte, et de la main gauche il tient une corne d'abondance pour exprimer que la fécondité de la terre est due à la vertu de ses eaux. Cette belle pensée rappelle la célébrité du Nil dans l'antiquité, auquel on offroit des sacrifices comme à un dieu. Derriere ce groupe de sculpture s'élevent majestueusement deux grands arbres, où sont suspendus, à l'un un carquois plein de fleches, et à l'autre une flûte pastorale. Dans le fond du paysage on découvre une ville qui s'étend dans le lointain ; on apperçoit des barques et des cabanes de pêcheurs sur le rivage.

Le Poussin a fait ce tableau, en 1655, pour M. Stella, et

depuis il a passé dans la collection d'Orléans (voyez le *Catalogue des Tableaux du Palais royal, par Dubois de Saint-Gelais.*)

N° 13.

PLANCHE XV.

IMAGE DE LA VIE HUMAINE.

Voilà une riante peinture qui se présente telle au premier coup-d'œil, dont le sujet est neuf et le fond très moral: c'est le tableau du présent, du passé, et de l'avenir, l'image du Temps, de l'homme, et de son esprit.

S. Augustin est un des écrivains célèbres qui a donné les plus beaux développements sur le passage de la vie humaine ; on trouve dans plusieurs chapitres de ses Confessions des réflexions admirables sur la manière dont l'esprit peut mesurer le temps: « Et qu'est-ce que la vie de l'homme, sinon une dissipation continuelle de son cœur et de son esprit[*] » ? On croit voir dans cette pensée le tableau du Poussin.

Ce savant peintre a fait un bal de la vie ; et pour animer toutes les idées qui s'enchaînent aux vérités qui viennent à l'esprit sur cet objet, il a choisi dans la mythologie les divinités convenables à son sujet. Cette riche mine des poëtes et des peintres

> . . . . . Offre à l'esprit mille agréments divers,
>
> . . . .
>
> Là, pour nous enchanter, tout est mis en usage,
> Tout prend un corps, une ame, un esprit, un visage ;
> Chaque vertu devient une divinité [**].

C'est ainsi que le génie, en approfondissant les idées les plus

(*) Confess. de S. Aug. liv. XI, chap. 26, 27, 28, 29.
(**) Boileau, Art poétique, chant III.

abstraites, sait les embellir d'un coloris aimable pour les offrir à l'admiration comme à la méditation.

Le Temps, sous la figure d'un vieillard, est assis; il joue d'une lyre au son de laquelle dansent en rond quatre femmes sous l'emblème des quatre Saisons; elles représentent encore la Richesse, le Plaisir, le Travail, et la Misère : la distance qui les sépare s'exprime dans leur manière de se toucher et dans leurs regards; la Richesse dédaigneuse sourit au Plaisir et méprise le Travail et la Peine. Tout est emblématique dans ce bal : les nuances du cœur humain s'y montrent pleines d'expressions pour tracer les vices de l'homme dans l'inégalité des conditions.

Souvent on peut puiser des leçons dans les jeux de l'enfance. En voici un exemple; l'un des deux enfants que l'on voit ici tient un sablier, et s'en empare pour en faire un jouet; il est loin de songer que cet instrument est la mesure du temps; l'autre souffle des globules à travers un chalumeau. L'œil saisit à peine la fortune fragile de ce fluide aériforme; lorsque, chargé d'un gaz qui dirige son cours, il balance dans l'air les brillantes couleurs de l'iris; les globules superbes, bientôt invisibles, sont remplacés par d'autres qui disparoissent aussi vite. Tel est le sort des vaines ambitions qui empruntent leur éclat des futilités, et l'image de leur durée et de leur néant dans la succession des âges. Les amusements de l'innocence sont là des figures symboliques qui peignent le peu de distance de l'homme à l'enfance, lorsque dans son insouciance sur la rapidité de ses jours il se dérobe lui-même à la vie. La cause de toutes ses pensées, qui prennent leur source dans cette énorme figure du Temps, placé là pour les mettre en action, est une idée immense, et un terrible avertissement pour l'homme qui pense.

Rien n'est accessoire dans cette brillante allégorie, tout y est animé d'une éloquente poésie : ici c'est un terme qui représente Janus, pour recommander la prudence comme une des vertus essentielles; au milieu du Zodiaque paroît dans toute sa gloire

le dieu du jour ; il vient féconder la Nature ; l'Aurore le précede
en répandant à pleines mains des fleurs sur la terre, tandis que
les Heures en folâtrant suivent son cours.

Ce fameux tableau étoit à Rome, en 1789, au palais Rospigliosi.

N° 14.

PLANCHE XVI.

LE MAÎTRE DES FALISQUES.

La conduite de la guerre contre les Falisques ayant été confiée
à Camille, ce grand capitaine alla mettre le siege devant Faléries, et entoura cette place de lignes qui étoient à une assez
grande distance des remparts. Les Falisques avoient emprunté
des Grecs la coutume de mettre leurs enfants sous la conduite
d'un même maître. Celui auquel ils avoient confié leurs enfants
les conduisoit ordinairement pendant la paix hors des murailles
afin qu'ils s'exerçassent dans la campagne à des jeux convenables
à leur âge ; il n'avoit point interrompu cette coutume pendant
la guerre. Un jour qu'il trouva l'occasion favorable il amena à
Camille toute cette jeunesse qui lui avoit été remise en dépôt,
accompagnant cette action criminelle de cet indigne discours :
« C'est avec ces enfants que je livre entre vos mains la ville que
vous assiégez ; mais je préfere l'amitié des Romains au poste
que j'occupois à Faléries ». Camille, indigné de sa perfidie,
ordonne à ses licteurs de le dépouiller, et, après lui avoir lié
les mains derriere le dos, il fit armer ses disciples de verges
pour qu'il le ramenassent dans la ville en le frappant sans re-
lâche (*voyez l'Histoire romaine*).

Camille, assis à l'entrée d'une tente dressée au milieu du
camp, est environné des commandants et des soldats de son
armée ; quelques jeunes Falériens sont prosternés à ses pieds :
le général ordonne la punition du lâche : déja, les mains liées

derrière le dos, un licteur lui fait reprendre la route de Faléries ; il est entouré de ses élèves qui, en le frappant des verges
dont ils sont armés, semblent partager le mouvement d'indi-
gnation que ressent le généreux Romain pour une si noire
trahison.

Le Poussin a emprunté dans ce tableau le style de Jules-Ro-
main ; la distribution de ses groupes, le caractere du dessin
rappellent toute la fierté de ce maître. Il a fait deux tableaux
sur ce sujet qui different dans la composition et la mesure : il
fit le plus grand, en 1637, pour la galerie de M. de La Vrilliere,
secrétaire d'état ; plusieurs années après il en fit un plus petit
pour M. Passart, maître des comptes, que l'on ne pouvoit regarder que comme une esquisse avancée : la gravure à l'eau-
forte que nous donnons ici est la traduction de ce dernier.

<h2 style="text-align:center">N° 15.</h2>

<h3 style="text-align:center">PLANCHE XVII.</h3>

PORTRAIT DE JULE ROSPIGLIOSI.

Jule Rospigliosi, d'une famille noble de Pistoie dans les états
du grand duc de Florence, naquit l'an 1599. Urbain VIII, qui
avoit un merveilleux discernement, l'employa pour être audi-
teur de la légation du cardinal Barberin son neveu, et l'envoya
depuis nonce en Espagne, où il fut continué pendant onze années. Son mérite lui attira l'estime de sa majesté catholique
jusqu'à le prier de nommer une de ses filles au baptème. Après
la mort d'Urbain VIII, arrivée en 1644, il fut rappelé de cette
nonciature, et pendant le conclave pour l'élection d'Alexandre
VIII le sacré college lui déféra le gouvernement de Rome. Le
nouveau pape le nomma cardinal après l'avoir fait son secrétaire. Après sa mort Rospigliosi fut mis sur le trône de S. Pierre,
le 20 juin 1667, sous le nom de Clément IX.

Rospigliosi, monté à cette haute dignité, ne suivit en rien les traces de ses derniers prédécesseurs, et pendant son pontificat, qui ne fut pas de longue durée, il mena la vie la plus exemplaire : il signala les premiers pas de sa puissance par soulager les peuples de l'état ecclésiastique des impôts considérables dont ils étoient grevés ; il donna des évêques au Portugal qui en étoit privé depuis long-temps par les intrigues des Espagnols ; il appaisa les querelles des théologiens à l'occasion du livre de Jansénius ; il employa tous ses soins à réconcilier les rois de France et d'Espagne, et fut un des médiateurs de la paix conclue entre ces deux puissances à Aix-la-Chapelle en 1668. Ce fut encore Clément IX qui cannonisa S. Pierre d'Alcantara, religieux de l'ordre de S. François, et Magdeleine de Pazzi, carmélite. Enfin Jule Rospigliosi, après avoir employé ses rares mérites pour le bonheur de son pays, et la plus grande partie de ses biens pour envoyer des secours par-tout où il les croyoit nécessaires, mourut le 9 décembre 1669, en sa soixante-onzieme année, après deux ans cinq mois dix-neuf jours de pontificat.

M. Peron, artiste françois, nous a procuré ce portrait, qui est aussi rare que précieux par la raison que le Poussin en a très peu fait. Nous avons conservé dans la gravure le costume papal, qui a été ajouté sur le modele par une main étrangere, puisque Rospigliosi ne fut élu pape que deux ans après la mort du Poussin.

N° 16.

PLANCHE XVIII.

UN PHILOSOPHE ÉCRIVANT SUR LE DOS D'UN JEUNE HOMME QUI LUI SERT DE PUPÎTRE.

Les amateurs et les gens de goût verront toujours avec intérêt les premieres pensées d'un grand homme sous un crayon fugitif :

VIE

DE

NICOLAS POUSSIN,

CONSIDÉRÉ COMME CHEF

DE L'ECOLE FRANÇOISE.

SUIVIE

DE SON OEUVRE COMPLETE.

1ère LIVRAISON.

A PARIS,

CHEZ PERLET LIBRAIRE, RUE DE TOURNON.

EXTRAIT DU PROSPECTUS.

Cette Vie du Poussin, précédée de l'Histoire des Peintres françois depuis le regne de François Ier jusqu'à la fin du regne de Louis XIV, par M. Gault de S.-Germain, sera suivie de notes et de pieces inédites et authentiques sur la vie et les ouvrages de ce peintre célebre : ces notes ne peuvent manquer d'intéresser tous les amateurs des arts. On y joindra en outre les Mesures de la statue de l'Antinoüs, prises par le Poussin, sa correspondance avec ses amis et les amateurs qui recevoient ses ouvrages ; les observations dont il accompagnoit souvent ses tableaux, et ses Réflexions sur la Peinture dans le style de Léonard de Vinci, traduites de l'Italien par le même M. Gault à qui l'on doit, entre autres ouvrages, la Vie et la nouvelle édition du Traité de la Peinture de Léonard de Vinci.

L'Oeuvre complete des tableaux et dessins du Poussin, et de toutes les pieces inédites, dont les éditeurs possedent déja un grand nombre, ainsi que celles qu'ils pourront se procurer, sera dessinée et gravée par MM. Massard pere et fils.

Cet ouvrage, qui sera composé de plus de trois cents planches, n'excédera pas quatre volumes. Il en paroîtra tous les mois un cahier contenant six planches, accompagnées de 8 pages du texte historique, et de 4 pages de la description des sujets.

Le prix de chaque livraison est de 8 francs sur papier fin *nom de Jésus*, il y en a quelques exemplaires imprimés sur papier vélin, du prix de 12 fr. on a tiré également quelques exemplaires des estampes avant la lettre sur papier vélin, dont le prix est de 18 francs.

Les éditeurs n'exigent aucuue avance ; on ne paie chaque livraison qu'en la recevant.

A la fin de l'ouvrage on donnera la liste générale de tous les souscripteurs, imprimée du même format.

On souscrit chez Perlet, rue de Tournon, n° 1133.

VIE

DE

NICOLAS POUSSIN,

CONSIDÉRÉ COMME CHEF

DE L'ECOLE FRANÇOISE.

SUIVIE

DE SON OEUVRE COMPLETE.

LIVRAISON.

A PARIS,

CHEZ

EXTRAIT DU PROSPECTUS.

Cette Vie du Poussin, précédée de l'Histoire des Peintres françois depuis le regne de François Ier jusqu'à la fin du regne de Louis XIV, par M. Gault de S.-Germain, sera suivie de notes et de pieces inédites et authentiques sur la vie et les ouvrages de ce peintre célebre : ces notes ne peuvent manquer d'intéresser tous les amateurs des arts : On y joindra en outre les Mesures de la statue de l'Antinoüs, prises par le Poussin ; sa correspondance avec ses amis et les amateurs qui recevoient ses ouvrages ; les observations dont il accompagnoit souvent ses tableaux ; et ses Réflexions sur la Peinture dans le style de Léonard de Vinci, traduites de l'Italien par le même M. Gault à qui l'on doit, entre autres ouvrages, la Vie et la nouvelle édition du Traité de la Peinture de Léonard de Vinci.

L'Oeuvre complete des tableaux et dessins du Poussin, et de toutes les pieces inédites, dont les éditeurs possedent déja un grand nombre, ainsi que celles qu'ils pourront se procurer, sera dessinée et gravée par MM. Massard pere et fils.

Cet ouvrage, qui sera composé de plus de trois cents planches, n'excédera pas quatre volumes. Il en paroîtra tous les mois un cahier contenant six planches, accompagnées de 8 pages du texte historique, et de 4 pages de la description des sujets.

Le prix de chaque livraison est de 8 francs sur papier fin *nom de Jésus*, il y en a quelques exemplaires imprimés sur papier vélin, du prix de 12 fr. on a tiré également quelques exemplaires des estampes avant la lettre sur papier vélin, dont le prix est de 18 francs. *[annotation manuscrite : papier nom de Jesus avt la l. 12]*

Les éditeurs n'exigent aucune avance ; on ne paie chaque livraison qu'en la recevant.

A la fin de l'ouvrage on donnera la liste générale de tous les souscripteurs, imprimée du même format.

On souscrit chez *[annotation manuscrite : Massard aîné, place … n° 27 et chez Maillard, rue du pont de Lody]*